Disney · PIXAR

RATATOUILLE

HACHETTE
Jeunesse

A collaboré à cet ouvrage : Sophie Koechlin pour le texte.

Prologue

Pour les rats en général, la nourriture est une affaire importante. Pour l'un d'entre eux, elle va devenir essentielle… Notre histoire commence dans une petite ferme perdue au cœur de la campagne française. Ne nous attardons pas sur les cris poussés par sa propriétaire, qui vient malencontreusement de découvrir le pillage de ses réserves par une tribu de rats mal élevés, mais approchons-nous du gros livre de cuisine qu'elle jette rageusement par la fenêtre. Oui, ce livre qui rebondit maintenant dans l'herbe du jardin. Agrippé à ses pages, un passager plutôt futé, un jeune rat du nom de Rémy, se relève et s'époussette.

Si vous écoutez Émile, son grand frère, Rémy n'est pas seulement habile ; il possède, à la vérité, un talent exceptionnel : un palais d'une finesse incroyable, ainsi qu'un odorat merveilleusement

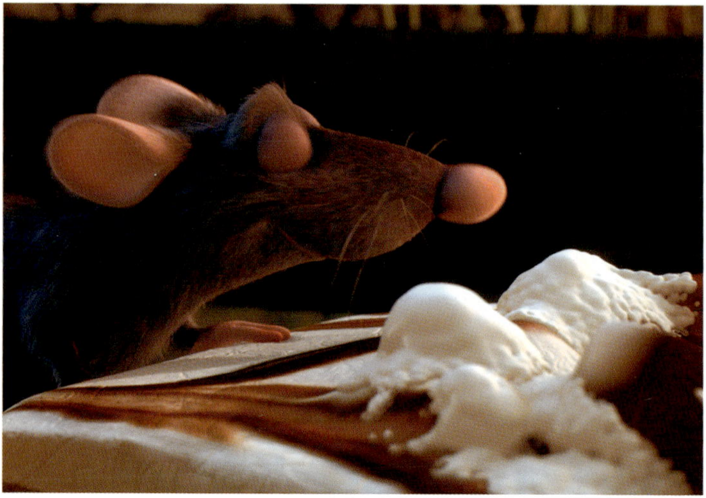

développé. Faites-lui renifler le moindre gâteau, et il vous dira exactement quels ingrédients entrent dans sa composition, y compris les trois gouttes de citron dont on l'a parfumé.

Jusqu'à ce jour, son père Django n'accordait pas le moindre intérêt à ce don. Le trognon de pomme qu'il s'apprête à croquer va radicalement changer son point de vue…

« Ne mange surtout pas ça ! » s'écrie Rémy.

L'odeur diffuse qui se dégage du trognon s'avère être la même que celle d'un paquet de poison caché dans un coin de la maison. Impressionné, Django trouve aussitôt un nouvel emploi à son rejeton. Voici Rémy bombardé « renifleur de poubelles » à la grande satisfaction de la compagnie de rats qui défile à présent devant lui. Bizarrement, Rémy ne semble pas enchanté par cette promotion.

« N'es-tu pas fier de toi ? Tu agis pour une noble cause ! le félicite son père, une fois toutes les épluchures soigneusement reniflées.

– Noble ? Nous ne sommes que des voleurs, papa. Et ce que nous volons, ce sont des déchets !

– Ce n'est pas du vol, puisque personne n'en veut ! répond Django.

– Si personne n'en veut, alors dis-moi pour-

quoi nous les volons ? Hein ? »

Cette discussion n'est pas nouvelle entre le père et le fils. Le soir venu, tandis que les rats, réunis au grenier, dînent de leurs peu ragoûtantes trouvailles, Rémy est le seul à jeûner. Agacé, Django le rejoint, et Rémy tente à nouveau de s'expliquer.

« Si, comme le dit le proverbe, “on est ce que l'on mange”, alors moi, je ne veux manger que des bonnes choses, papa.

– La nourriture est comme l'essence que l'on met dans les moteurs, rétorque Django. Si tu fais trop la fine bouche, ton moteur ne marchera plus.

Maintenant, tais-toi et avale tes ordures.

– Mais, puisque nous sommes des voleurs, pourquoi ne pas voler de bons plats directement dans la cuisine ?

– Un : nous ne sommes pas des voleurs. Deux : reste à l'écart des humains. Ils sont dangereux. »

Pour Rémy, ce raisonnement ne tient pas. Certes, il a appris à se méfier des humains, mais il ne peut s'empêcher d'admirer leurs talents culinaires.

Le voici donc en train de désobéir et de se glisser encore une fois dans la cuisine de la ferme. Personne n'est en vue mais, sur l'écran de la télé-

vision restée allumée, Rémy reconnaît le visage d'Auguste Gusteau. Le célèbre chef du restaurant le plus couru de Paris parle de son dernier livre sorti en librairie, c'est déjà un best-seller mondial :

« Une nourriture excellente est comme une musique que vous pourriez goûter, une couleur dont vous pourriez sentir le parfum, explique Gusteau au journaliste qui l'interroge. Les saveurs les plus fines sont partout autour de vous ; il faut juste en prendre conscience... »

Sur le meuble où il est juché, à côté d'un exemplaire du livre cité, Rémy repère un plateau de fromages. Il y chipe un petit morceau, qu'il croque en fermant les yeux.

« Gusteau a raison ! » songe-t-il, alors que des couleurs subtiles apparaissent dans son esprit, bizarrement accompagnées d'un mélodieux air de contrebasse.

Émerveillé, le rat attrape alors un morceau de pomme. D'autres couleurs et d'autres sons se mêlent à ses premières sensations, s'y mariant à la perfection !

« Chaque saveur est unique, mais quand on les additionne les unes aux autres, on crée quelque chose de vraiment nouveau... »

Les considérations de Rémy s'arrêtent net, la propriétaire des lieux entrant à cet instant dans la pièce. Sans être vu, le rat gagne la fenêtre pour rejoindre le jardin.

L'imagination en éveil, il respire à pleins poumons les parfums de la nuit. L'un d'eux, délicat et inconnu, l'attire irrésistiblement. Au détour d'un fourré, il découvre que l'effluve provient d'un superbe champignon. Une idée naît alors en lui, une idée qui le fait sourire de plaisir...

1

Dès le lendemain, il demande discrètement à son frère de l'aider. En découvrant que Rémy traîne derrière lui un sac où se côtoient un fromage de chèvre, quelques herbes odorantes et le gros champignon trouvé la veille, la perplexité d'Émile est totale.

« On va les faire cuire ! Je ne sais pas comment, mais il faut essayer… » explique Rémy, les yeux brillants.

Quelques minutes plus tard, les deux rats crapahutent sur le toit de la ferme afin d'atteindre la cheminée. Le fromage et le champignon sont placés sur un bout de métal tordu, que Rémy maintient ensuite au-dessus de l'ouverture fumante.

Tout irait bien si l'orage, qui menaçait depuis plusieurs minutes, n'éclatait enfin et si un éclair, attiré par l'antenne du toit, ne chamboulait brus-

quement les plans du rat gourmet. Propulsés vers le jardin, son frère et lui se relèvent le poil roussi par le choc ; quoiqu'un peu secoués, ils contemplent le mets que Rémy n'a pas voulu lâcher. Électrifié lui aussi, le mélange a maintenant l'aspect d'un soufflé !

Rémy ne peut s'empêcher d'y goûter.

« Ouah ! s'exclame-t-il, ravi. Déguste-moi ça, tu vas voir, c'est tout à fait, comment dire ?… C'est absolument… parfaitement…

– Électrisant ? avance timidement Émile.

– Oui, électrisant, c'est le mot juste ! Écoute, à la prochaine tempête, on recommence. Mais cette fois il faudra ajouter quelque chose… »

Rémy reprend une part et la mâche avec concentration.

« …Oui, cette fois, on y ajoutera du safran ! » jubile-t-il.

Du safran. Très bien. L'unique problème, c'est que, pour en trouver, il faut retourner dans la cuisine de la ferme. Et ça, ça ne plaît pas trop à Émile. La vieille dame a beau ronfler devant son poste, il aimerait assez que Rémy, qui promène son museau sur la collection d'épices de la dormeuse, se dépêche un peu.

« Ne t'inquiète pas, chuchote Rémy. Elle pique

toujours du nez devant cette émission. Quant au safran, je suis sûr de moi. Gusteau le conseille, d'ailleurs.

– Gusteau ? s'étonne Émile.

– C'est le meilleur cuisinier du monde. Tiens, tu vois, là-haut, sur l'étagère, c'est son livre.

– Son livre ? Tu… tu l'as lu ? Tu sais lire ?

– Heu… Quelques mots, disons… Ça aussi, ça reste entre nous, d'accord ? »

Émile acquiesce, mais il se sent de plus en plus mal à l'aise. En fait, avec toutes ces histoires de cuisine, de livre et de champignon au safran, il éprouve la curieuse impression de comploter une sorte de crime dans le dos de son père…

« Qu'est-ce qui retient les enfants ? » se demande d'ailleurs Django, alors que les rats, comme chaque soir, se réunissent au grenier pour y déposer leur collecte de détritus.

Il est loin de se douter que ses deux fils regardent à présent l'émission de Gusteau.

« Vous devez être imaginatifs, affirme l'idole de Rémy. Et vous ne devez laisser personne vous empêcher d'avancer sous prétexte que vous n'êtes pas connu. Si tout le monde est capable de faire de la bonne cuisine, seuls les plus courageux deviendront de très grands chefs. »

Tout à coup, un journaliste intervient à l'écran pour annoncer qu'à la suite d'une très mauvaise chronique d'Anton Ego, le meilleur critique culinaire de France, Gusteau a perdu sa troisième étoile et qu'il en est mort peu après, le cœur brisé !

« Gusteau ? Mort ? » s'écrie Rémy, effondré.

À cet instant, les rats surpris voient la fermière leur tomber dessus à bras raccourcis ! Affolés, ils tentent de se carapater. Mais la vieille dame, armée d'un parapluie, essaie de frapper Rémy, qu'elle rate de peu ! Puis elle se tourne vers Émile, qui fonce vers le poêle et grimpe le long des tuyaux en direction du grenier…

2

Heureusement, les coups de l'ennemie, mal ajustés, se fichent dans le plâtre, ce qui permet à Émile de s'élancer vers le fragile luminaire fixé au centre du plafond. Hélas ! trahi par son embonpoint, il ne parvient pas à se hisser correctement sur la suspension.

« Aide-moi ! Vite ! » piaille Émile, terrifié.

Rémy bondit sur les tuyaux.

« Balance-toi, Émile ! Quand tu arriveras près de moi, je pourrai t'attraper ! »

Aussitôt dit, aussitôt fait. Seul inconvénient de taille au plan de Rémy : dès qu'Émile réussit à saisir une des pattes de son frère, ce n'est pas lui qui revient sur les tuyaux, mais Rémy qui est entraîné sur la lampe !

La fermière tente évidemment d'atteindre les deux rats terrifiés. Sans lui laisser le temps de

trouver la solution, un « crac ! » effrayant retentit, et le centre du plafond s'effondre au beau milieu de la cuisine, entraînant avec lui la colonie de rats qui dînait tranquillement au grenier !

« AAAH ! hurle la vieille dame en galopant vers son salon.

– Évacuation immédiate, aux canots de sauvetage, les femmes et les enfants d'abord ! » aboie de son côté Django.

Dans le plus parfait désordre, le clan fonce vers le jardin, tandis que Rémy, attrapant au passage le livre de Gusteau, saute par la fenêtre. Il était temps ! Déjà, la fermière, un affreux masque à gaz sur le nez, revient à la charge pour inonder la cuisine de mort-aux-rats !

Arrivés au bord de la rivière qui longe la propriété, les rats se ruent sur les embarcations prévues pour leur fuite : boîtes de conserve vides, parapluie retourné, casiers ou casseroles rouillées.

« Attendez-moi ! » piaille Rémy, encombré de son fardeau.

Malheureusement, sa tribu, emportée par le courant, est déjà hors d'atteinte…

« Plonge, fiston ! s'écrie Django, horriblement inquiet. Rejoins-nous ! Tu peux y arriver ! »

Rémy jette le livre à la rivière, se juche dessus puis se met à pagayer de toute la force de ses petites pattes. Mais, alors qu'il parvient enfin à agripper la spatule que lui tend son père, l'impact d'un objet, suivi d'une gerbe d'écume, le propulse violemment dans l'eau !

Debout sur une passerelle, la fermière furieuse n'a pas abandonné la partie. Elle bombarde les rongeurs terrifiés avec tout ce qu'elle peut trouver ! Miraculeusement, Rémy parvient à regrimper sur son livre. Loin devant lui, il aperçoit son père et les autres rats. Emportés par les flots, ils sont sur le point de disparaître à l'abri d'un énorme tuyau de drainage… Il ne les voit déjà presque plus.

« Rame, Rémy, rame ! » hurle Django.

La spatule à la main, Rémy se bat contre les éléments. À son tour, il atteint enfin la gueule sombre de la canalisation.

« Papa ! Ralentissez ! couine-t-il alors, hors d'haleine.

– On est là ! Rame ! » répond la voix lointaine de Django.

Soudain, Rémy entend des cris, puis le tunnel devient étrangement silencieux. Qu'a-t-il pu se passer ? Affolé, le jeune rat appelle et tend l'oreille. Un grondement sourd semble se rapprocher.

« Une chute ! » comprend Rémy en tentant de faire demi-tour.

Peine perdue. Très vite, comme avant lui son père et ses compagnons, il atteint la crête et bascule, aspiré par une énorme masse d'eau tourbillonnante !

Quand il émerge enfin, c'est pour découvrir qu'il a été projeté dans une canalisation d'égout très large, pestilentielle mais infiniment plus calme. Absolument épuisé, il hisse son précieux livre sur la rive, s'allonge à côté de lui et, trempé jusqu'aux os, s'endort dans l'instant.

3

La faible clarté de l'aube réveille Rémy. Espérant toujours voir surgir d'un tuyau son père et son frère, il se met à tourner les pages humides de son livre, une manière comme une autre de tromper son angoisse et d'oublier les gargouillis de son estomac vide...

« Si tu as faim, lève-toi et va jeter un coup d'œil alentour ! dit soudain une voix, apparemment jaillie de la photo de Gusteau.

– J'ai perdu ma famille et mes amis... Peut-être pour toujours... explique distraitement le rat.

– Qu'en sais-tu ? » dit la voix.

Rémy réalise tout à coup qu'il est en train de converser avec l'image du chef, et que celle-ci bouge en s'adressant à lui !

« Pourquoi est-ce que je vous parle ? s'exclame-t-il.

–Eh bien… parce que tu te sens seul…

–Mais vous êtes mort !

–Écoute… Si tu regardes toujours en arrière, tu n'arriveras à rien. Lève-toi et va faire un tour. »

La photo est redevenue immobile. Persuadé d'avoir rêvé, Rémy se décide à lever le camp. Toute la journée, il progresse le long des tuyaux. Enfin, il trouve un passage qui le mène directement vers ces étroits espaces qu'on trouve dans les murs des immeubles. Le bruit qui lui parvient de l'extérieur lui fait comprendre qu'il se trouve dans une ville, et qu'il va lui falloir faire très attention car qui dit ville dit forte concentration d'humains.

Comme par hasard, à cet instant, il entend de la musique et des rires. Intrigué, il jette un rapide coup d'œil à travers une fissure, distingue une cuisine, et surtout une magnifique miche de pain qui trône à sa portée. Affamé, il ne peut s'empêcher de se glisser jusqu'au mets tentateur pour en chiper un petit morceau.

« Qu'est-ce que tu fais ? lui demande soudain Gusteau, ou plutôt son fantôme, apparu comme par magie à ses côtés.

– J'ai faim... se justifie le rat en regardant le morceau de pain.

– Rémy ! tu es un cuisinier, pas un voleur. Si

tu aimes la nourriture, la nourriture viendra à toi ! »

L'esprit disparaît. Rémy louche un instant sur son morceau de pain, puis l'abandonne et rejoint rapidement la fissure. Un moment plus tard, il débouche à l'extérieur de la maison et entreprend de grimper le long d'un tuyau, avec un regard intrigué vers les fenêtres qui lui dévoilent, souvent de façon surprenante, le monde des humains. Enfin il atteint le toit. Et là, il se fige.

Sous son regard émerveillé, un enchevêtrement de toits, de coupoles et de bâtiments merveilleux scintille sous les étoiles !

« Paris ! Je suis à Paris ! C'est génial ! Quelle

ville magnifique ! s'écrie-t-il tout excité.

– La plus belle du monde » précise Gusteau, à nouveau à ses côtés.

Non loin, un panneau lumineux attire l'attention du jeune rat.

« Gusteau ? Mais… c'est votre restaurant ? Oui ! vous m'avez guidé jusqu'à lui !

– Il semblerait… admet Gusteau, aussi surpris que son compagnon.

– Allons-y ! Je veux voir ça ! »

Ce soir, comme tous les soirs, la cuisine du regretté Gusteau est en plein coup de feu. Les ordres fusent ; cuisiniers, serveurs et marmitons se croisent dans un ballet rapide et précis.

Au cœur de cette agitation, un jeune homme se tient immobile, un peu gêné, attendant que l'on veuille bien s'occuper de son cas. Cela ne tarde pas, puisque le chef Skinner vient d'entrer, salué par tous ceux qui travaillent sous ses ordres. Aussitôt, Larousse, l'un des chefs, l'appelle auprès de lui.

« Bonsoir, patron. Regardez qui est là ! C'est Linguini, le fils de Renata, l'ancien amour de jeunesse de Gusteau ! »

Skinner considère alors d'un œil peu amène le

jeune garçon timide qui se lève à son approche.

« Ah ! oui, bien sûr, lâche-t-il. Comment va votre mère ?

– Heu… Elle est morte, monsieur…

– Oh ! désolé…

– Elle m'a donné ceci, pour vous… »

Skinner saisit l'enveloppe. Il se doute que Linguini est là pour obtenir du travail et ça l'agace un peu.

« Hé bien ! commence-t-il, dès qu'une place se libérera…

– Nous venons de l'engager, le coupe Larousse. Nous avons pensé que Gusteau n'aurait pas hésité !

– Comment osez-vous engager quelqu'un sans ma permission ? s'énerve Skinner.

– C'est que… nous avions besoin de quelqu'un pour s'occuper des poubelles, répond Larousse, surpris.

– Ah ? Les poubelles ? Très bien ! » se radoucit instantanément Skinner.

Un sourire froid aux lèvres, il gagne alors rapidement son bureau, tandis que le chef Horst tend à Linguini une toque et une veste.

4

Perché sur le verre de la lucarne qui surplombe la cuisine, Rémy ne perd pas une miette de cet incroyable spectacle.

« Toi qui as lu mon livre, lui dit le fantôme de Gusteau, tu dois savoir qui, parmi ces gens, est le patron…

– Celui-ci, répond instantanément le rat en montrant Skinner.

– Bravo ! Et qui est son second ?

– Celui qui est responsable de la cuisine quand le chef est absent ? Le voilà ! s'amuse Rémy en désignant Horst. Et là, c'est le saucier ; ceux-ci sont les marmitons et les commis…

– Tu es un rat très intelligent, approuve Gusteau. Et lui ? Qui est-ce ? »

Rémy regarde Linguini, qui est en train de gratter fougueusement les parois sales d'une

casserole. Comment pourrait-on le nommer ?

« Ce n'est personne… Il fait la vaisselle, c'est tout.

– Tout le monde compte… Mais lui, le crois-tu capable de cuisiner ? »

Rémy observe le jeune homme durant quelques secondes.

« Non, finit-il par affirmer.

– Qu'en sais-tu ? Ne penses-tu donc pas que n'importe qui peut cuisiner ?

– Si, mais je crois que certains devraient s'en abstenir… » soupire Rémy.

Juste à ce moment, Linguini renverse accidentellement une bonne partie de la soupe, qui, non loin de lui, était en train de chauffer. Sans être vu, il nettoie vite le sol, puis ajoute de l'eau dans la casserole et y jette en vrac légumes et épices.

« Oh, non ! il va complètement gâcher ce potage ! Gusteau, il faut l'en empêcher ! piaille Rémy, horrifié.

Alors que le fantôme hausse les épaules en signe d'impuissance, le vasistas s'ouvre brusquement, et le petit rat tombe droit dans un évier rempli d'eau sale ! Affolé, il se hâte de gagner le bord, mais il n'y reste pas longtemps : dérapant sur la porcelaine humide, il ne peut faire autrement que

de s'étaler en contrebas. Il ne lui reste plus qu'à se jeter sous un meuble.

Durant de longues minutes, il vit un véritable enfer. Fonçant de l'abri d'un comptoir à celui d'une gazinière, évitant les tables roulantes et les lourdes semelles des cuisiniers, il aperçoit soudain une fenêtre. Linguini, se décidant tout de même à goûter sa soupe et horrifié du résultat, vient de l'ouvrir pour cracher sa cuillerée dans la ruelle avant de s'éloigner. La voie est libre. Pourtant, Rémy hésite. À son tour, il goûte la soupe. Elle est effectivement immangeable.

« Hé bien ? Qu'est-ce que tu attends ? dit le fantôme de Gusteau, qui surgit à cet instant. C'est ta chance, vas-y ! »

Personne ne regarde dans cette direction. Sans plus hésiter, Rémy va nettoyer ses pattes sous l'eau claire et commence, à toute vitesse, à refaire la soupe ruinée. Il y ajoute de l'eau, choisit soigneusement les ingrédients, la goûte une dernière fois avant de saupoudrer le tout d'une ultime poignée d'aromates. Cela semble parfait. Mais, lorsqu'il relève enfin le museau de son œuvre, c'est pour se rendre compte que Linguini, revenu sur ses pas, le fixe avec horreur !

« Où est mon potage ? hurle soudain Skinner

en fonçant vers le comptoir. Où est-il donc ? »

Pas le temps de réfléchir. Rémy se rue vers la fenêtre, mais Linguini, plus rapide, abat sur lui une passoire, le coinçant pour de bon !

« Qu'est-ce que vous faites ? éructe Skinner. Vous cuisinez ? Vous osez cuisiner dans MON restaurant ? »

Derrière le chef exaspéré, Moustapha, un serveur, attrape prestement la casserole de potage et transvase son contenu dans une soupière pour l'emmener dans la salle.

« Non… tente Linguini, affolé.

– Larousse ! l'interrompt Skinner en se tour-

nant vers l'un de ses chefs. Attrape-moi ce gus, coupe-le en quatre et n'oublie pas de presser sa tête comme une orange pour en retirer la prétention !

– La soupe ! Ne la servez pas ! » couine Linguini.

Skinner comprend alors que quelque chose ne va pas. Il se retourne, court vers les portes battantes, mais il est trop tard. Déjà, Moustapha sert le potage à une cliente ! Il ne reste plus qu'à regarder la suite par le hublot. Et ça ne tarde pas : dès que la femme a goûté le plat, elle fait appeler le maître d'hôtel…

« Linguini, vous êtes viré ! » s'exclame Skinner.

Moustapha jaillit dans la cuisine au même instant. Il semble étonné.

« Cette dame demande à voir le chef ! » annonce-t-il.

Skinner sort en traînant les pieds ; les autres cuisiniers se regroupent, intrigués. L'un d'entre eux, une femme nommée Colette, se risque à avaler une cuillerée du plat incriminé. Elle en reste coite.

« Qu'a dit la cliente ? demande-t-elle alors à Skinner, qui revient totalement surpris.

– Ce n'est pas une cliente, c'est Solène Le Claire, la critique !

– Elle a adoré la soupe… » précise Moustapha.

Dans sa prison, Rémy, aux côtés de Gusteau, dresse l'oreille et se réjouit. Ahuri, Skinner goûte à son tour le fameux potage. Effectivement, il est délicieux.

5

Doucement, Colette intervient :

« Ne le renvoyez pas, monsieur. Il a réussi, non ? Souvenez-vous de la devise de Gusteau : N'importe qui peut cuisiner… ! Cela ne prouve-t-il pas qu'il avait raison ? »

Le visage renfrogné de Skinner se fend soudain d'un sourire glacial.

« Très bien. Laissons-le nager parmi les requins. Vous vous en occuperez, Colette, puisque c'est votre idée. Au travail, tout le monde ! »

Durant cette discussion, Rémy a réussi à se faufiler hors de la passoire. Soudain, alors qu'il est sur le point de sauter par la fenêtre, Skinner l'aperçoit et se met à hurler. Promptement, Linguini bloque la course du rat, l'attrape et l'enferme dans un bocal en verre.

« Emportez-le loin d'ici et tuez-le ! Si on appre-

nait qu'un rat est entré dans ma cuisine, le restaurant serait fermé ! Allez, dépêchez-vous ! » ordonne Skinner, soulagé.

Aussitôt dit, aussitôt fait. Cependant, le chef ne voit pas que Linguini a discrètement percé un trou dans le couvercle afin que Rémy ne suffoque pas.

Une fois dans la ruelle, le jeune homme bondit sur sa bicyclette et se met à pédaler furieusement vers la Seine. Arrivé sur les quais, il s'arrête près d'un pont, agrippe le bocal et se prépare à le jeter dans le fleuve. Pétrifié, Rémy ferme les yeux.

« Tu te sens piégé ? lui dit tout à coup Linguini. Et moi donc ! Je cherchais juste un boulot tranquille, et tu as tout fichu par terre ! Ils veulent que je refasse cette soupe, maintenant. D'ailleurs, qu'est-ce que tu y as ajouté ? De l'origan ? Du romarin ?

– Non » répond Rémy en secouant la tête.

Le jeune homme ouvre de grands yeux :

« Tu comprends ce que je dis ?

– Oui, fait Rémy en balançant son petit museau de haut en bas.

– Alors je ne suis pas fou ! Formidable ! Moi, je ne sais pas cuisiner, mais toi, tu sais ! »

Un faux mouvement précipite alors le bocal dans la Seine ; Linguini est obligé de plonger pour le récupérer. Revenu sur le quai, il prend enfin une décision.

« Tu pourrais refaire cette soupe, n'est-ce pas ? Bon. Je vais te libérer, mais jure-moi que tu resteras avec moi ! Tu veux bien ? »

Rémy remue la tête avec frénésie. Bien entendu, dès que sa prison s'ouvre, il s'empresse de filer le plus vite possible. Mais, quand il s'aperçoit que le fantôme de Gusteau semble l'attendre près du pauvre Linguini, il s'arrête, puis fait demi-tour. Les dés sont jetés.

Le garçon ramène le jeune rat dans sa mansarde. Gentiment, il lui fait les honneurs des lieux : la pièce principale, la salle de bains, la kitchenette. Une table minuscule, deux chaises, un antique réfrigérateur, un lit et une vieille télévision en noir et blanc sont ses seuls trésors.

« Ce n'est pas grand-chose, explique-t-il, mais au moins, on est au chaud et on a de la lumière… Fais comme chez toi ! »

Rémy regarde l'humain s'allonger, puis s'endormir. Longuement, il contemple les toits de Paris par la fenêtre ; enfin, il décide à son tour de se reposer.

Le lendemain matin, après un délicieux petit déjeuner préparé par Rémy, Linguini s'apprête à pénétrer dans le restaurant. Le jeune homme ne sait pas encore qu'une critique élogieuse de Solène Le Claire à propos de « son » potage est parue dans la presse, et que les chefs, Skinner en tête, l'attendent de pied ferme. Pour le moment, son seul problème est de trouver un moyen de cacher Rémy, qu'il finit par glisser sous ses vêtements. Puis il s'encourage d'un puissant « allons-y ! » avant de pousser la porte qui conduit à la cuisine.

Dès son entrée, tous les visages se tournent vers lui. Très intimidé, il se faufile maladroitement vers son poste et saisit sa toque.

« Bienvenue en enfer ! l'accueille Skinner, l'œil mauvais. Et maintenant, refaites-moi cette soupe, même si ça vous prend une semaine ! »

Blanc comme un linge, l'esprit aussi vide qu'une casserole neuve, le pauvre Linguini se met à l'ouvrage.

6

Les minutes qui suivent sont un cauchemar. Bien sûr, il tente de rassembler de mémoire légumes, herbes et épices. Cependant sa maladresse et son manque absolu d'inspiration obligent Rémy, dont le petit museau pointe parfois hors de son col, parfois l'une de ses manches, à accomplir un travail de titan. Pour guider Linguini, le rat n'a d'autre solution en effet que de courir le long de son corps et de le mordiller dès qu'il commet une erreur, c'est-à-dire souvent. Trop souvent d'ailleurs pour l'humain qui, à force d'étouffer ses cris de douleur, finit par courir se réfugier dans la réserve, à l'étonnement du personnel entier.

« Ça ne va pas du tout, petit chef ! gémit Linguini une fois la porte refermée. Nous devons trouver un autre système… »

L'intrusion brutale de Skinner oblige Linguini

à éteindre la lumière. Promptement, il cache Rémy sous sa toque, puis rallume.

« Qu'est-ce que vous faites ici, exactement ? aboie le chef, tout en se demandant si c'est bien face à un rat qu'il a vu le jeune apprenti deux secondes auparavant.

– Heu… j'essaie de me familiariser avec les légumes, et le reste… répond Linguini, rouge de confusion.

– On ne doit jamais être trop familier avec les légumes. Dehors ! »

Revoilà donc Linguini dans les travées bondées de la cuisine.

« Ça va, là-haut ? » s'inquiète-t-il.

Sur sa tête, Rémy acquiesce, juste avant de s'apercevoir que son hôte se dirige droit vers Moustapha, chargé d'un énorme plateau de vaisselle. Comme pour retenir un cheval, le rat saisit les cheveux de Linguini et tire de toutes ses forces en arrière… Et ça marche : Linguini s'arrête net, évitant de justesse la collision ! Très étonné, il entre alors dans les toilettes du personnel.

« Comment as-tu fait ça ? » demande-t-il au rat.

En réponse, Rémy attrape une poignée de cheveux de la patte gauche. Le bras gauche de Linguini

se lève aussitôt ! Comprenant qu'il peut guider le jeune homme comme s'il s'agissait d'une marionnette, le rat tente quelques mouvements qui font gigoter dans tous les sens sa monture ébahie. Lorsqu'il cesse enfin l'étrange expérience, ses yeux croisent ceux de Linguini dans un miroir. Tous deux réalisent qu'une même idée vient de leur traverser l'esprit…

Si Rémy peut ainsi guider les gestes de Linguini, il lui faut tout de même s'entraîner un minimum. De retour à l'appartement, les deux compères ne lésinent donc pas sur les essais : transport d'us-

tensiles, choix de tomates dans le réfrigérateur, tentative de friture dans une poêle, tout y passe. Les yeux bandés, Linguini se prête de bonne grâce aux commandements de son cavalier ; malgré quelques catastrophes inévitables, leur travail en commun finit par payer et, au bout de quelques heures, leur collaboration est devenue parfaite.

Dès le lendemain, c'est la mise en pratique. Guidé par Rémy, Linguini parvient sans trop de difficultés à refaire la soupe. Skinner ne tarde d'ailleurs pas à venir la goûter.

« Félicitations ! lâche-t-il, agacé. Mais si vous voulez survivre ici, vous allez devoir apprendre la bonne manière de faire les choses. Colette va s'en occuper. »

Linguini acquiesce.

« Combien de femmes apercevez-vous dans cette cuisine ? Une seule : moi ! lui explique aussitôt Colette. Ce monde est un monde d'hommes et, si je suis ici, c'est parce que j'ai travaillé très dur. Je ne vais pas tout gâcher pour un gamin qui a eu de la chance, sachez-le ! »

Très impressionné, le « gamin » la suit respectueusement vers ses fourneaux.

De retour à son bureau, Skinner expédie les affaires courantes, lorsque son regard tombe sur la lettre apportée l'avant-veille par Linguini. À sa lecture, son humeur, déjà mauvaise, devient exécrable ; il bondit sur son téléphone.

« Appelez mon avocat ! » ordonne-t-il à la standardiste.

Une heure plus tard, l'avocat en question, maître Talon Labarthe, parcourt la missive à son tour.

« Alors ? demande Skinner.

– Eh bien, le testament stipulait que, si aucun héritier de Gusteau ne se présentait avant deux années, le restaurant vous appartiendrait, à vous, son second chef. En revanche, si ce garçon est

bien son fils, vous n'avez plus aucun droit... »

Maître Labarthe attrape la toque du regretté Gusteau, y pêche un cheveu avec une pince à épiler sortie de sa poche et range ce minuscule trophée dans une enveloppe.

« À ce que j'ai lu, reprend-il calmement, Linguini n'est au courant de rien ; sa mère n'en a pas non plus parlé à Gusteau. Vous êtes donc le seul à savoir la vérité. Que vous demande-t-on, d'ailleurs ? Juste d'offrir un travail à ce garçon, et c'est tout. Surveillez-le. De mon côté, j'enquêterai. »

7

Patiemment mais avec autorité, Colette apprend à Linguini les bases du métier de cuisinier. D'abord, être organisé, méthodique, et ne pas perdre de temps. Ensuite, mesurer ses gestes pour éviter de se couper ou de se brûler. Enfin, savoir suivre les recettes de Gusteau à la lettre. Appliqué comme un écolier, Linguini note tout sur son petit carnet.

« Sais-tu comment reconnaître du bon pain ? lui demande un jour la jeune femme. Ce n'est ni par le goût ni par l'odeur, mais par le son ! Un bon pain craque comme une symphonie. Écoute ! »

Petit à petit, les jeunes gens commencent à s'apprécier. Constatant les efforts de l'apprenti, Colette se radoucit.

« Tu vois, les chefs ne sont pas snobs, comme on le croit souvent, dit-elle un matin. En réalité, ce sont des artistes. Nous sommes des artistes.

– “Nous” ? répond Linguini, béat.

– Eh bien, oui ! tu es des nôtres, à présent. Non ?

– Si… admet Linguini, aussi ému que l’est Rémy, toujours caché sous sa toque. Merci de ton aide, et de tes conseils…

– Merci à toi de les avoir suivis ! » sourit Colette en retour.

Un jour, le chef Skinner voit Rémy traverser la rue et entrer dans la cuisine. Cette fois, ce n’est pas une hallucination, un rat a élu domicile dans son restaurant, il en est certain. Et il commence à observer de plus près sa troupe, et surtout Linguini, qu'il soupçonne désormais de comploter contre lui… Car la soupe de ce dernier remporte un succès croissant auprès de sa clientèle. À tel point même qu'un soir, deux habitués du restaurant se permettent de demander au jeune chef de leur préparer un nouveau plat !

« Très bien… soupire Skinner à l'adresse de Moustapha, qui vient de rapporter la requête. Dites-leur que le "chef" Linguini va leur concocter quelque chose de spécial. »

Avec un sourire carnassier, il se tourne vers Linguini et Colette.

« Il existe une recette oubliée, le ris de veau à la Gusteau. Je compte sur votre talent pour réussir ce plat dans les formes ! »

Avant qu'il ne s'éloigne vers son bureau, Larousse se penche vers lui :

« Mais cette recette est un désastre ! marmonne-t-il, inquiet. Même Gusteau l'avait abandonnée !

– Justement. C'est parfait pour former un débutant. »

Inconscients du piège, Colette et Linguini détaillent la fiche dressée jadis par Gusteau :

« De la sauce à la liqueur d'anchois ? Des tentacules de seiche ? Bizarre… Il faut aussi de l'es-

tomac de veau… C'est une drôle de recette ! »

Rémy, qui a déjà son idée, pilote Linguini afin de choisir les bons ingrédients. Cette recherche passionnée le pousse à emprunter à toute vitesse ce qui se trouve sur les établis des autres chefs, à la grande gêne du pauvre Linguini qui s'excuse comme il peut.

« Qu'est-ce que tu fais ? Je croyais qu'on devait suivre la recette ? » s'étonne Colette.

Comment Linguini pourrait-il lui expliquer ce qu'il ne sait pas, c'est-à-dire que Rémy, qui a très bien compris que la recette était ratée, a décidé de fabriquer une sauce entièrement différente ?

La surprise de Colette est donc plus grande encore lorsqu'elle voit le jeune homme ajouter au plat cette sauce de son cru juste au moment où le serveur l'emporte.

Apprenant ce tour de passe-passe, Skinner bondit vers la cuisine, hors de lui.

« Il a osé changer la recette ? braille-t-il.

– Ils adorent ! lui annonce Moustapha avec un grand sourire. Et les autres clients en veulent aussi ! Nous avons déjà sept commandes !

– Merveilleux ! » gémit Skinner.

Quelques minutes plus tard, il semble à Linguini, et à Rémy ravi, que toute la salle veut goûter à la commande spéciale. À la fin du service, le triomphe de Linguini est complet. Ses confrères le félicitent autour d'un verre de vin. Seule, Colette, un peu vexée, reste à l'écart.

Quant à Skinner, il étouffe de jalousie. Comment ce freluquet a-t-il pu devenir un tel cuisinier, et ce en si peu de temps ? Soudain, Linguini passe devant une lampe ; illico, une ombre suspecte se dessine dans sa toque. L'ombre de quelque chose qui ressemble… à un rat ?

Lentement, les yeux de Skinner, incrédule, s'équarquillent.

8

Dès que Linguini passe à sa portée, il s'empare d'un coup sec de la toque du jeune homme. Rien. Pas la moindre moustache de rat. Et Linguini, évidemment, le regarde d'un air ahuri.

« Ha ha ! je vous ai bien surpris, hein ? bredouille Skinner en lui rendant le couvre-chef. Sérieusement, nous avons à parler. Venez dans mon bureau.

– Suis-je congédié ? s'inquiète Linguini, soulagé d'avoir déposé Rémy dans la ruelle cinq minutes avant la curieuse blague de son patron.

– Non, pas du tout ! Nous allons bavarder autour d'un verre de vin, c'est tout ! »

Intimidé, Linguini s'installe face à Skinner, qui sort de sa réserve personnelle une bouteille d'un grand vin.

« Vous allez apprécier ce Latour-Pauillac 61,

monsieur Linguini, car vous êtes décidément tout sauf un idiot. Et nous allons boire à votre non-idiotie ! »

Pendant ce temps, Rémy, épuisé mais heureux, savoure un morceau de pain bien mérité sous les étoiles. Un léger bruit le fait sursauter. Quelqu'un fouille les poubelles non loin, quelqu'un dont la silhouette rebondie apparaît soudain, reconnaissable entre mille !

« Émile ! s'exclame Rémy, aux anges.

– Rémy ! C'est bien toi ! piaille Émile, non moins ravi. Je ne peux pas le croire ! Tu es vivant !

On croyait que tu t'étais noyé dans les rapides !

– J'avais si peur de ne jamais vous revoir ! Quelle chance ! Mais... qu'est-ce que tu grignotes ?

– Ça ? Je ne sais pas... répond Émile en montrant un ignoble détritus.

– Émile ! Tu es à Paris, maintenant. C'est ma ville. Et aucun de mes frères ne mangera d'ordures dans ma ville. Attends-moi. »

Promptement, Rémy retourne dans la réserve du restaurant. Comme par hasard, le fantôme de Gusteau apparaît subitement à ses côtés.

« Si on te prend à voler, ton ami sera en dan-

ger ! prévient-il. Tu ne peux pas faire ça ! »

Rémy écoute le rire de Linguini qui jaillit à cet instant du bureau de Skinner.

« C'est juste pour mon frère. Ne vous inquiétez pas, tout est sous contrôle. »

À cause des verres servis par Skinner, Linguini, lui, se sent de moins en moins « sous contrôle ».

« Alors ? Où vous êtes-vous entraîné ? demande Skinner. Je ne croirai jamais que c'est la première fois que vous cuisinez !

– Oh, non ! répond Linguini, un peu pâteux. J'ai commencé lundi. C'est mon cinquième jour, donc c'est la cinquième fois que je cuisine ! »

Skinner avale difficilement cette réponse, mais il poursuit son interrogatoire.

« Dites-moi… vous aimez les animaux ?

– Lesquels ?

– Oh, les habituels : chats, chiens, chevaux… rats… Avez-vous déjà eu un rat domestique ?

– Non !

– Et vous n'avez jamais travaillé dans un laboratoire ?

– Non, glousse Linguini, au grand dam de Skinner.

– Je suis pourtant sûr que vous savez des choses sur les rats ! s'énerve-t-il. Ça ne vous dit vraiment rien, les rats ?

– Les ra… tatouilles ? Voilà un plat délicieux, mais le nom est terrible, vous ne trouvez pas ? Qui a envie de manger un plat qui se nomme "ratatouille", vraiment ? »

Skinner regarde avec agacement le jeune homme, et fixe les bouteilles vides qui s'accumulent dans sa corbeille à papiers.

« Malheureusement, nous sommes à court de vin… » soupire-t-il, tout à coup découragé.

Au moment de quitter le restaurant, il trouve cependant une excellente idée pour se venger. D'un geste ample, il montre à Linguini la cuisine en désordre.

« Nettoyez bien tout du sol au plafond avant de fermer, d'accord ? À demain ! »

Bien obligé d'obéir à son chef, le pauvre Linguini contemple la vaisselle sale empilée dans tous les coins, les comptoirs maculés et le sol encrassé. Il en a bien pour quatre heures de travail.

9

Après avoir rassasié son frère et lui avoir fait jurer le secret sur l'origine de cette nourriture, Rémy a accepté de l'accompagner dans les égouts pour visiter la nouvelle retraite de sa tribu.

« Rémy ! » s'exclame Django en le serrant joyeusement dans ses bras.

Tandis que les rats entament une fête débridée, Django fait asseoir son fils près de lui.

« Trouver quelqu'un pour te remplacer au tri des ordures s'est avéré impossible, explique-t-il. Heureusement, rien de ce que nous avons trouvé n'était empoisonné. Mais tu ne m'as pas rendu la tâche aisée…

– Désolé, papa…

– Enfin, tu es là, c'est ce qui compte le plus !

– Heu… À ce propos, bredouille Rémy, gêné. J'ai trouvé une… heu… une bonne place, pas très loin d'ici… Mais je viendrai vous voir souvent, c'est promis.

– Quoi ? Tu ne restes pas ?

– Je veux vivre ma vie, papa. Après tout, même les oisillons finissent par quitter le nid de leurs parents…

– Nous sommes des rats, pas des oiseaux ! Nous ne quittons pas notre nid, nous l'agrandissons ! s'énerve Django.

– Oui, et nous volons, réplique Rémy. Et moi, je ne veux plus voler, je veux créer !

– Tu parles comme un humain.

– Eh bien quoi ? Ils ne sont pas si mauvais que ça ! J'ai eu l'occasion d'en observer certains de très près, crois-moi ! »

Django soupire un bon coup ; décidément, son fils est incorrigible. Et il a beau l'entraîner avec lui pour lui montrer, non loin, l'effrayant magasin d'un dératiseur, Rémy ne change pas d'avis. Bien au contraire.

Le lendemain matin, il arrive d'ailleurs au restaurant plus tôt qu'à l'ordinaire. Bonne intuition, car la première chose qu'il entend en pénétrant dans la cuisine est un ronflement qu'il reconnaît instantanément !

« Oh ! » gémit-il en découvrant Linguini, roulé en boule à même le sol.

Au même moment, le moteur de la mobylette de Colette pétarade au bout de la ruelle. Rémy bondit sur Linguini, tente en vain de le réveiller et finit par s'installer sur sa tête, tirant sur ses cheveux pour le mettre debout. Il l'oblige ensuite à coiffer sa toque, ce qui le camoufle, lui ; mais comment éviter que Colette ne remarque que le garçon est profondément endormi ?

Une paire de lunettes de soleil abandonnée fera l'affaire. Avec ses vêtements froissés, Linguini a presque l'allure d'une rockstar quand Colette

entre dans la cuisine. Elle ne remarque rien.

« Bonjour ! » lance-t-elle avec froideur.

Si Rémy peut donner à Colette l'impression que Linguini est réveillé, il ne peut en revanche pas parler à sa place !

« J'ai dit bonjour ! » réitère Colette, agacée.

Rémy se débrouille pour que le jeune homme tourne sa tête et l'incline vers elle.

« Alors ? Ça s'est bien passé, hier, avec le patron ? De quoi avez-vous parlé ? »

À court d'idées, Rémy fait pencher la tête de son ami Linguini de manière à signifier quelque chose comme « à ton avis, poupée ? », ce qui n'a pas l'air de plaire du tout à la demoiselle.

« Je vois. Monsieur ne veut rien dire. Monsieur a épaté le patron et ne s'occupe plus de moi. Je ne lui suis plus utile, c'est ça ? »

Cette fois, pas de réponse.

Traversant la cuisine, Colette se plante alors devant Linguini et lui assène une claque magistrale, qui a le mérite, en le catapultant sur le sol, de le réveiller pour de bon !

« Je pensais que tu étais différent, dit la jeune femme au bord des larmes. Je voulais vraiment que tu réussisses… parce que je t'aimais bien, voilà ! J'ai fait une grosse erreur, apparemment !

– Colette ! » s'exclame Linguini, pas très frais, mais désespéré.

Sans réfléchir, il se relève et court après la jeune femme :

« Je suis désolé, Colette. En réalité, je ne suis bon à rien, ni pour les mots ni pour la cuisine. En tout cas, pas sans ton aide ! Et d'ailleurs, ce n'est pas moi qui ai fait ce potage ! Ni la sauce ! Je peux te le dire, à toi, tu comprendras. J'ai un secret. C'est… »

Avant qu'il n'en dise plus, Rémy, affolé, le pousse contre Colette et l'oblige à l'embrasser. N'est-ce pas le meilleur moyen de le faire taire ? Certes. C'est surtout le meilleur moyen de le faire tomber amoureux… Et le pauvre Rémy ne tarde pas à s'apercevoir que, dans ce nouvel état, Linguini obéit beaucoup moins bien à ses ordres…

10

Ce soir-là, après le service, Rémy se rend compte que son ami humain l'a complètement oublié, au point qu'il ne l'a même pas laissé descendre avant d'enfourcher la mobylette de Colette pour une balade en amoureux. Au premier coup d'accélérateur, la toque du garçon s'est envolée, emportant avec elle le petit rat qui s'est retrouvé assis sur la chaussée, au milieu du flot des voitures. Fonçant à l'abri des égouts, le pauvre Rémy, remis de ses émotions, rejoint à présent tristement la ruelle du restaurant.

« Te voilà enfin ! s'écrie Émile. On t'attendait, on avait peur de t'avoir raté !

– Oh, non... Tu m'avais promis de ne rien dire ! » grommelle Rémy en apercevant derrière son frère un groupe de rats affamés...

Contraint et forcé, il gagne la cuisine, mais le verrou tout neuf posé sur la porte de la réserve le prend de court. Une minute, il hésite, puis il se dirige vers le bureau de Skinner.

« Que fais-tu ? s'étonne le fantôme de Gusteau, jailli à ses côtés comme à chaque fois que Rémy est sur le point de commettre une bêtise.

– Ah ! soupire Rémy en ouvrant l'un des tiroirs du bureau afin de trouver la clé. Ils sont affamés… Je ne peux pas agir autrement. Sinon, tout le clan risque de revenir se venger. »

Le rat s'interrompt net. Sous la clé qu'il cherchait, le testament de Gusteau vient d'apparaître, ainsi qu'un résultat d'analyse ADN et une lettre. Il n'en faut pas plus pour aiguiser sa curiosité. Rapidement, il lit le contenu des papiers.

« Ça alors, s'exclame-t-il en regardant Gusteau. Linguini est votre fils !

– Mon fils ? J'ai un fils ? souffle Gusteau, ahuri.

– Vous ne le saviez pas ? C'est écrit là, et c'est prouvé, ce qui fait de lui l'héritier légal de votre restaurant ! »

À cet instant, la porte s'ouvre et Skinner pénètre dans la pièce. Instinctivement, le rat referme ses mâchoires sur les documents avant de filer à toute allure vers la cuisine. Il la traverse, passe la porte, débouche dans la ruelle devant son frère et ses compagnons, mais ne s'arrête pas. Et pour cause ! Deux secondes plus tard, les rongeurs voient Skinner débouler à son tour, fou de rage, emprunter un scooter et disparaître dans un nuage de fumée à la suite de Rémy.

Après une poursuite échevelée, les deux ennemis se retrouvent sur les quais de la Seine. Soudain, Rémy laisse échapper les précieux papiers qui s'envolent et vont se poser sur le toit d'un bateau-mouche ! Mais si le rat, d'un bond prodigieux, parvient à les récupérer, Skinner, lui, termine ses acrobaties au fond de l'eau…

Lorsqu'il revient, trempé, au restaurant, il trouve Linguini assis derrière son bureau, tandis que Colette lui brandit le testament, la lettre et les preuves de la paternité de Gusteau sous le nez. Cette fois, Skinner semble avoir bel et bien perdu la partie. Vert de rage, il se retire en grommelant.

Dès le lendemain, la nouvelle est dans tous les journaux ; en fin d'après-midi, Linguini donne une conférence de presse. Agacé, Rémy l'écoute débiter niaiserie sur niaiserie, quand un homme maigre et pâle fait une apparition remarquée.

« Anton Ego… soufflent les reporters qui s'écartent sur son passage, impressionnés.

– Désolé d'interrompre ces festivités prématurées, mon cher Linguini, siffle le redoutable critique avec un mauvais sourire. Mais vous avez jusqu'ici joué votre jeu sans réel adversaire… Je reviendrai donc demain soir. Priez pour ne pas me décevoir… »

Très inquiet, Linguini s'enferme dans son bureau après avoir congédié les journalistes. L'air excédé de Rémy, qui l'attend depuis un bon moment pour passer en cuisine, ne fait que le rendre plus ronchon.

« Écoute, petit chef, je commence à en avoir assez de tes leçons de morale. Tu n'es pas le seul dont l'opinion compte, ici. Je te rappelle que Colette sait cuisiner, elle aussi ! »

Sans écouter Linguini, Rémy bondit sur sa tête et commence à tirer sur ses cheveux. Furieux, le jeune homme l'attrape, cavale vers la ruelle et le dépose près des poubelles.

« On fait une pause, cette fois ! Je ne suis pas ta marionnette, et tu n'es pas mon maître ! Alors calme-toi et concentre-toi pour la venue d'Ego ! »

Resté seul, Rémy couine de frustration. Pour qui se prend donc cet humain qui, sans lui, ne serait encore qu'un misérable laveur de vaisselle ? L'arrivée d'Émile et d'une bande de rats encore plus nombreux que la veille lui donne l'occasion de laisser éclater sa colère.

« Vous savez quoi ? Cette nuit, buffet à volonté ! Allez chercher papa et les autres. Qu'ils viennent ici après la fermeture ! »

Caché dans l'ombre depuis le début de la scène, Skinner, qui a enfin compris que le rat est l'auteur véritable des prodiges culinaires attribués à Linguini, se frotte les mains de plaisir. Demain, à l'arrivée d'Ego, il sera là, lui aussi, avec un inspecteur de l'hygiène pour Linguini, et une solide cage pour Rémy. Et rira bien qui rira le dernier !

11

Quelques heures plus tard, les rats envahissent la réserve et commencent à festoyer gaiement. Rémy n'a cependant pas prévu que Linguini, pris de remords, reviendrait au restaurant pour lui demander de pardonner son mouvement d'humeur ! À peine arrivé, le jeune homme s'aperçoit du pillage ; les paroles d'excuse s'étranglent aussitôt dans sa gorge.

« Tu m'as trahi, Rémy, s'exclame-t-il. Je ne veux plus te voir. Goberge-toi tant que tu veux ce soir, puis pars d'ici avec tes copains et ne reviens plus jamais. Sinon, je vous traiterai comme n'importe quel restaurant traite les rats ! »

Horriblement déçu, l'humain s'éloigne, laissant Rémy face à sa conscience, et les rongeurs éberlués de n'avoir pas été pourchassés et tués jusqu'au dernier…

Désespéré, le rat se rend dès le lendemain soir dans la ruelle afin d'observer son ami par la fenêtre. Celui-ci tente de motiver ses troupes, mais le cœur n'y est pas, et cela, Rémy le sent très bien.

« J'ai faim… dit tout à coup Émile, qui n'a pas pu s'empêcher d'accompagner son frère. Tiens, regarde-moi ce superbe fromage ! Il tombe à pic ! »

Juste au moment où le gourmand va se saisir du morceau, Rémy le pousse sur le côté, et le piège tendu par Skinner se referme sur lui !

« J'ai un projet pour nous deux, petit rat ! grince l'horrible bonhomme avant d'enfermer la cage dans le coffre de sa voiture. Tu vas m'aider à cuisiner les meilleurs surgelés du monde ! En échange, tu resteras en vie ! »

Sur ces mots, le cuisinier s'affuble d'une fausse moustache et d'une paire de lunettes, et gagne la salle du restaurant où vient juste de s'installer Anton Ego.

Dans le noir de sa prison, Rémy soupire misérablement.

« Pourquoi dois-je tout le temps faire semblant ? demande-t-il à Gusteau, dont le fantôme aimable flotte près de lui. Faire semblant d'être un rat pour mon père, faire semblant d'être un humain grâce à Linguini, et faire semblant de te voir juste pour avoir quelqu'un à qui parler… Pourquoi ?

– Mais tu n'as pas besoin de faire semblant, Rémy ! » sourit Gusteau avant de disparaître.

À cet instant un coup sourd résonne contre la carrosserie du véhicule !

« Plus à gauche ! À MA gauche ! » résonne la voix de Django.

Après la chute d'une deuxième gargouille précipitée du toit du restaurant sur la voiture, la lumière pénètre soudain jusqu'à la cage. Alertés par Émile, les rats ont réussi à percer le métal, et Rémy est enfin délivré.

« Merci, papa ! Je vous aime tous ! dit Rémy en fonçant vers le restaurant.

– Mais… que vas-tu faire ? Sauver ce type ? s'étonne Django.

– Non, me sauver moi ! »

Tel un cow-boy de western, Rémy pousse la porte et se plante à l'entrée de la cuisine. Il était temps ! L'endroit ressemble à un monstrueux champ de bataille. Linguini, découragé, a disparu dans son bureau ; les chefs, paniqués, se disputent comme des chiffonniers et dans la salle, installé à sa table, Anton Ego attend impatiemment parmi les autres clients, dont un Skinner réjoui, qu'on daigne enfin lui servir sa commande spéciale.

L'arrivée de Rémy a au moins le mérite de regrouper les cuisiniers. Armés de leurs ustensiles, ils se préparent à lui bondir dessus quand Linguini, jaillissant de son antre, se plante devant eux et leur révèle, enfin, la vérité !

« Écoutez, je sais que vous allez avoir du mal à me croire, mais ce petit rat est le véritable chef de ce restaurant. C'est lui qui a fait la soupe, c'est encore lui qui a concocté la fameuse sauce de l'autre jour. Sans lui, je ne suis rien. C'est grâce à lui si Anton Ego est là ce soir. Et ce sera grâce à lui si nous devenons demain le meilleur restau-

rant de Paris ! Alors ? Vous êtes avec nous ? »

Malgré le fait que Rémy ait sauté sur la tête de son ami pour démontrer leur façon de fonctionner, Linguini ne gagne pas la partie. Extrêmement vexés de se savoir supplantés par un simple rat et incapables de se résoudre à lui obéir, les chefs quittent la salle sans un mot. Et la dernière à rendre son tablier est Colette…

Pour Linguini, tout est perdu. Tandis qu'Anton Ego contemple sa montre d'un œil vainqueur, le pauvre garçon n'a plus qu'à retourner s'enfermer dans son bureau.

Resté seul, Rémy aperçoit alors son père près de la porte.

« J'avais tort, Rémy, dit Django en s'avançant. À leur propos. À ton propos surtout. Tu es très courageux, et je suis fier de toi. Dis-nous ce qu'on peut faire pour t'aider… »

Un par un, les rats se glissent dans la cuisine et attendent les ordres. Le cœur de Rémy se met à tambouriner.

« La première chose serait d'essayer d'arrêter cet inspecteur de l'hygiène, que Skinner a probablement appelé et que je viens de voir filer dans l'ombre vers sa voiture, soupire Rémy. Et la seconde, de vous laver tous soigneusement les pattes ! »

12

« Groupe 3 sur le poisson, groupe 4 à la rôtissoire, groupe 5 au grill, et le 6 aux sauces ! Tout le monde à son poste ! Allez ! »

Impeccablement, les rats se dispersent et se mettent à l'ouvrage. Devant l'activité qui règne tout à coup dans sa cuisine, Linguini sort du bureau, une lueur d'espoir dans les yeux.

« Il faut un serveur en salle ! Je m'en occupe ! » dit-il à Rémy.

Fonçant dans les vestiaires pour enfiler un habit, il remarque une paire de patins à roulettes qu'il chausse aussitôt. L'instant d'après, il virevolte dans le restaurant, distribuant pain, boissons et sourires aux clients.

« Désolé pour cette attente, nous sommes un peu débordés, ce soir ! » glisse-t-il à Skinner sans le reconnaître.

Derrière les comptoirs, c'est à présent un véritable ballet que Rémy dirige avec la maestria d'un grand chef. Partout à la fois, il vérifie, goûte, refuse ou acquiesce, et les rats suivent ses ordres comme s'ils avaient fait la cuisine toute leur vie… C'est du moins ce que constate Colette, qui, revenue pour consoler Linguini, et après un court moment de stupeur, se décide à entrer dans la danse.

« Qu'allons-nous préparer à Ego ? » demande-t-elle à Rémy.

Le rat lui désigne une recette dans le livre de Gusteau.

« C'est un plat très humble… Vous êtes sûr de

vouloir le servir à un homme aussi snob que lui ?

– Oui ! » fait Rémy de la tête.

Sans plus attendre, et suivant les conseils du rat, la jeune femme se met au travail ; Rémy apporte la dernière touche au plat et bientôt, Linguini sert Ego, puis Skinner.

« Une ratatouille ? s'étonne ce dernier. Ils plaisantent ! »

Ego avale une première cuillerée. Immédiatement, la subtile saveur du mets le replonge dans ses souvenirs d'enfance, et il remonte le temps jusqu'à ce jour précis où sa mère, pour le consoler d'un gros chagrin, lui avait préparé, elle aussi, une exquise

ratatouille. L'impression est si forte qu'Ego se noie alors corps et âme dans une dégustation béate…

« Je veux rencontrer l'auteur de cette merveille ! Qui dois-je féliciter ? » demande-t-il à Linguini après avoir soigneusement nettoyé son assiette.

Un peu hésitant, Linguini s'incline, discute un moment avec Colette et revient vers le critique.

« Si vous voulez bien me suivre… »

Ego se lève et pénètre à son tour dans la cuisine. Éberlué par le spectacle offert par Rémy et ses aides d'un genre particulier, il écoute sans rien dire l'étrange histoire que Linguini lui raconte en détail. Et lorsque ce dernier se tait, le critique, encore plus pâle qu'à l'ordinaire, se tourne vers Rémy.

« Merci pour ce dîner » murmure-t-il simplement. Puis il sort et disparaît dans la nuit.

De son côté, Skinner ne peut que constater la réussite absolue de Rémy. Son unique espoir de vengeance réside maintenant dans la réaction des services d'hygiène de la ville…

Le lendemain, Ego fait paraître un éloge dithyrambique, le premier depuis de longues années, à la une de son journal. La troisième étoile est rendue, et la joie de Rémy, de Linguini, de Colette et des rats explose enfin. Cette fois, ils ont gagné.

Épilogue

Pourtant, la victoire est de courte durée, car on ne plaisante pas avec un inspecteur de l'hygiène. Très vite, le restaurant de Gusteau est fermé. Quant à Ego, cette dernière critique, la meilleure et la plus sincère de sa vie, lui a coûté sa place !

Mais ne vous inquiétez pas pour nos amis. Si un jour vous passez par un vieux quartier de Paris, un endroit plutôt bohème où vivent artistes et jeunes gens, vous remarquerez l'enseigne lumineuse d'un bistrot chaleureux. Toujours assis à la même table, vous verrez un monsieur, maintenant replet et guilleret, se régaler tous les soirs d'un mets qu'il affectionne particulièrement, et vous reconnaîtrez peut-être en lui Anton Ego. Vous noterez aussi la longue file d'attente des clients devant la porte. Dès que vous entrerez, vous serez accueillis par un Linguini toujours de belle humeur. Et si l'on vous permet de visiter la cuisine, vous vous étonnerez sûrement de voir, aux côtés de Colette, un petit rat tout heureux qui, coiffé d'une toque blanche, s'affaire à ses fourneaux, inventant des plats extraordinaires sous les yeux attendris de son père, de son frère et d'une compagnie de rats bien élevés.

Vous ne me croyez pas ? Vous avez tort ! Car ce bistrot existe bel et bien, et il s'appelle... « La Ratatouille ! »

Imprimé en France – Produit complet POLLINA n° L43326
Dépôt légal juillet 2007 – Édition 01 – ISBN 978-2-01-462751-0
Loi n° 49-956 du 16 juillet 1949 sur les publications destinées à la jeunesse.